AF253812

ORDRE DES AVOCATS

AU CONSEIL D'ÉTAT ET A LA COUR DE CASSATION

ÉLOGE

DE

ODILON BARROT

DISCOURS

PRONONCÉ

A l'Ouverture de la Conférence du Stage

des Avocats au Conseil d'État et à la Cour de Cassation

le 18 novembre 1893

PAR

PATISSIER-BARDOUX

(Imprimé aux frais de l'Ordre.)

ÉLOGE

DE

ODILON BARROT

DISCOURS

PRONONCÉ

A l'Ouverture de la Conférence du Stage

des Avocats au Conseil d'État et à la Cour de Cassation

le 18 novembre 1893

PAR

PATISSIER-BARDOUX

ÉLOGE

DE

ODILON BARROT

⸺ ❖ ⸺

Monsieur le Président,
Messieurs,

Votre Ordre, à la reprise de ses travaux, traite quelqu'important sujet juridique ou célèbre l'une des grandes mémoires qui l'ont honoré. Les limites de votre Compagnies sont restreintes ; mais dès votre origine vous avez vu ceux qu'elle accueille s'élever souvent aux premiers rangs de la nation. Ils acquièrent dans la pratique de votre profession le culte du Droit et l'amour de la Justice, développant parmi vous leur caractère et leur talent, et ayant ainsi puisé la force, tantôt ils prêtent leur autorité aux débats parlementaires ou leur concours ou gouvernement, tantôt ils prennent la tête des hautes administrations ou des grands corps de l'Etat.

Celui que nous essayons de faire revivre aujourd'hui est sans contredit l'un des plus nobles et des meilleurs. Son existence singulièrement précoce paraît aussi l'une des plus remplies de ce temps ; tour à tour citoyen, avocat, homme politique, magistrat même, il a tenu son rôle avec un courage, un éclat, un désintéressement et un souci du devoir dont notre Histoire offre peu d'exemples. C'était, on peut le dire, un des types les plus accomplis du libéralisme français. Il en portait au plus haut degré la générosité et l'ardeur, il n'était pas exempt non plus de ses erreurs et de ses illusions. Nous devons le suivre sur les scènes diverses dont sa personnalité a subi l'épreuve. Le citoyen et l'avocat se présent à votre admiration sans réserve ; l'homme politique appartient depuis longtemps à l'Histoire : l'examen de ses actes dégagé des passions et des préjugés de son temps, peut donc faire l'objet d'un jugement éclairé et loyal.

Odilon Barrot, né le 19 juillet 1791, descend d'une très ancienne lignée de légistes du Languedoc. Son père, suivant leurs traditions, plaidait au Parlement de Toulouse, et sa notoriété, jointe aux souvenirs de la famille, l'avait désigné au choix du département de la Lozère comme député à la Convention.

Il se fixa rue Saint-Roch, et son jeune fils, laissé d'abord dans les montagnes aux soins de grands-parents, vint le rejoindre le jour où le canon de vendémiaire, refoulant l'insurrection royaliste, dégageait les abords de l'Assemblée. Le lendemain de l'échauffourée l'enfant vit à son réveil jeter dans des tombereaux les corps de ceux qui avaient succombé la veille. Vers la même époque, son grand-père était assassiné sur le seuil de sa maison par une de ces bandes que le fanatisme religieux et politique avait organisées dans la région des Cévennes, sous le nom de *Camp de Jalès*. Telles étaient les premières impressions gravant dans sa mémoire le souvenir des régimes passés.

Placé plus tard au Prytanée de Saint-Cyr pour y commencer ses études sérieuses, il sentit très vite se développer sa répugnance instinctive pour la règle toute militaire de cette maison transformée par l'Empire en succursale de l'école de Fontainebleau. L'irrégularité de sa tenue, paraît-il, attira plusieurs fois l'attention de l'Empereur aux nombreuses revues qu'il passait ; un jour même sa tunique ouverte ou mal ajustée fut agrafée d'un geste d'impatience par la main impériale.

Toutefois, le soldat imparfait ne conserva nulle amertume de ce régime : « Mes études, dit-il lui-même, ont pu « en souffrir, mon corps et mon caractère ne s'en sont « pas mal trouvés. »

Deux années de labeur assidu au lycée Napoléon suffisaient à peine à combler les lacunes de cette éducation, et à dix-neuf ans, Odilon Barrot, licencié en Droit, fréquentait le chemin de la Conciergerie et la barre de la Cour d'assises, comme tous les stagiaires ardents et incertains de l'avenir. Tout semblait l'entraîner vers la profession d'avocat. L'exemple et la direction de son père l'y avaient préparé ; ses succès quotidiens et surtout les facultés remarquables dont la nature l'avait si largement doté l'encourageaient à persévérer.

A l'image que ses contemporains nous ont décrite, sa taille était bien prise, les épaules puissantes, le front haut et large, le visage mâle, les traits réguliers, la voix sonore, le geste et le maintien général empreints d'une certaine majesté ; avec cela une expression de physionomie dont la franche et inaltérable bonté attirait aussitôt la sympathie et dissipait les préventions même des natures difficiles ou inquiètes.

Le stagiaire brillant devait malgré ses qualités heureuses connaître les heures difficiles. Les longues études de procédure et l'attente de la clientèle l'effrayaient ; son penchant naturel pour une profession libre et les conseils pressants de son père furent impuissants à lui donner ce mélange de résignation patiente et de ténacité opiniâtre que le barreau réclame de ceux qui ont recherché son accès.

Il sollicita un poste de sous-préfet, et recevait sa nomination dans la Haute-Loire, lorsque son père rencontra un de ses anciens collègues de la Convention, avocat au Conseil d'Etat et à la Cour de cassation : c'était M. Mailhe, le célèbre rapporteur du procès de Louis XVI : « — On m'a dit que ton fils annonçait des dispositions pour la barre. — Oui, mais il perd patience et malgré mon désir de le voir continuer, il entre dans l'administration. — Qu'il vienne me voir, je lui donnerai quelques conseils. » Le lendemain le sous-préfet, installé dans le cabinet de M. Mailhe, devenait son collaborateur et son ami, et bientôt son successeur. La première Restauration, en 1814, avait affecté une assez sage impartialité envers les partisans des régimes précédents. Toutefois, le Chancelier Dambray, lorsqu'on lui présenta la liste des avocats aux Conseils du roi, ne put consentir à ce qu'un régicide figurât au tableau. Les avocats aux Conseils, sous l'ancienne monarchie, étaient réputés les commensaux du roi et faisaient en quelque sorte partie de sa maison ; le vieux chancelier fut inflexible, et M. Mailhe dut présenter un successeur. Son secrétaire avait à peine vingt-trois ans, il en fallait vingt-cinq ; on accorda une dispense pour éviter un éclat ; peut-être est-elle le seul exemple dans les annales de l'Ordre.

Odilon Barrot devenait avocat aux Conseils, son maître restait avocat à la Cour de cassation, les deux titres étant encore séparés à cette époque.

Ses contemporains et ses amis, tous très mêlés au mouvement libéral que provoquait la chute de l'Empire, étaient à la Cour de cassation, Nicod, le véritable modèle du jurisconsulte; Isambert, ardent et dévoué aux causes généreuses; Charles Comte, fondateur du *Censeur* et un des premiers collaborateurs du recueil de Sirey; à la Cour d'appel, Barthe, le méridional à l'imagination exaltée; Mérilhou respecté pour son caractère; Mauguin doué pour les séductions de la parole; un plus jeune, Renouard, dont on n'a pas oublié la retraite à une époque encore proche de nous; enfin Dupin et Berryer.

Jamais peut-être le barreau n'avait eu des circonstances plus favorables. Après la douleur et l'humiliation que l'invasion causait à une jeunesse enivrée de gloire et habituée aux succès de la Patrie, venait le réveil du sentiment de la liberté longtemps comprimé. Les nouvelles institutions fondées par la Charte de 1814 en favorisaient l'expansion ; la discussion publique recommençait en France. A un point de vue plus spécial, l'ensemble de nos Codes avait été modifié et rajeuni. Dans toutes les matières civiles, criminelles, commerciales, administratives, des systèmes nouveaux sollicitaient l'attention de tous ceux qui collaborent à l'administration de la Justice; il s'agissait de compléter l'œuvre du législateur en expliquant sa pensée par cette série de solutions qui nous servent de règles aujourd'hui sous le nom de jurisprudence.

Le jeune avocat se mit vaillamment au travail ; mais à peine entrait-il en charge, que des bruits d'armes réson-

naient dans les rues, et des cris de : « Vive l'Empereur »
retentissaient aux abords de la capitale. Le 19 mars, la
compagnie de garde nationale dont il faisait partie était
de faction aux Tuileries dans la salle des Maréchaux.
Vers huit heures du soir, un certain mouvement se mani-
festa parmi les gens de service ; bientôt l'on aperçut
Louis XVIII en habit de voyage, soutenu par deux serviteurs, sortir lentement de ses appartements.

« Je vois encore, nous rapportent les Mémoires, ce
« vieillard, dont la vie avait été si cruellement éprouvée,
« descendre péniblement l'escalier du pavillon de Flore.
« Je le suivis en silence avec mes camarades, nous lui
« offrîmes de l'escorter ; non mes enfants, nous dit-il,
« réservez-vous pour de meilleurs jours » (1).

Le lendemain matin une foule compacte envahissait le
Carrousel aux cris de : « Vive l'Empereur ». Puis, ajoute
le garde national, « un groupe d'officiers en demi-solde,
« entrant avec impétuosité dans la cour des Tuileries,
« nous laissa voir au milieu d'eux Napoléon fatigué et
« soucieux, qui venait d'accomplir l'acte le plus surpre-
« nant de sa vie, celui qui s'offre peut-être aux yeux de
« l'Histoire avec le caractère le plus prestigieux à raison
« de l'audace de l'entreprise et de la rapidité du succès ;
« mais l'acte le plus criminel en même temps, car il
« livrait une seconde fois la nationalité française au ha-
« sard d'une lutte désespérée » (2).

Il n'est pas besoin d'ajouter qu'avec cette disposition
d'esprit Odilon Barrot refusait d'adhérer à l'Acte Addi-
tionnel. Le retour de l'île d'Elbe rétablissait les choses
dans leur état primitif ; un décret impérial rendait à

(1) Mémoires d'Odilon Barrot, t. I, p. 27.
(2) Mémoires, t. I, p. 28.

M. Mailhe son cabinet, et le secrétaire reprenait sa colla-
boration. Puis la seconde Restauration survenait bientôt
avec ses passions et ses violences ; la fameuse loi de 1816,
appelée par dérision *loi d'amnistie*, frappant d'exil per-
pétuel les conventionnels régicides, les contraignait à
vendre leurs biens dans un délai de six mois. M. Mailhe
dut se résigner, il transmit définitivement son double
titre d'avocat au Conseil d'Etat et à la Cour de cassation.

« Je sentis que j'étais écrasé, dit le nouveau titulaire,
« si je ne faisais un grand effort ; je redoublai donc d'ar-
« deur et de travail, ma jeunesse intéressa les magistrats,
« mes vieux confrères me vinrent en aide ; mon prédéces-
« seur, avant de partir pour l'exil, m'avait recommandé
« en termes touchants à ses nombreux correspondants
« des départements. D'un autre côté, le rétablissement ou
« plutôt le premier établissement sérieux du gouverne-
« ment représentatif sous une monarchie constitutionnelle
« ouvrait pour la France une ère nouvelle et apportait
« de graves modifications non-seulement dans le monde
« politique, mais même dans le caractère des débats judi·
« ciaires. Peut-être aurais-je été moins bien préparé à
« comprendre ces modifications si j'eusse été plus âgé.

« Je remarquai un certain embarras parmi nos vieux
« avocats, lorsqu'ils avaient à traiter quelques questions
« se rattachant au jeu des institutions constitutionnelles ;
« ils étaient pour ainsi dire déroutés, et même la plupart
« avaient une répugnance instinctive pour les affaires de
« cette nature, et les abandonnaient volontiers aux jeunes
« avocats, contemporains de ces institutions, qui les
« aimaient et s'étaient facilement initiés à leur esprit.
« Je n'hésite pas à attribuer à cette circonstance mes

« premiers succès au barreau ; ainsi ma jeunesse au lieu
« de m'être un obstacle me fut un avantage » (1).

Le débutant justifia les espérances qu'il avait fait
naître, et la clientèle ne tarda pas à affluer dans son
cabinet, nombreuse et brillante. Les grands noms de la
vieille aristocratie et de l'Empire se disputaient son appui,
le roi Jérôme, les Murat, les La Tour d'Auvergne, les
Lameth, les Rohan, les Montmorency Laval, et nombre
d'émigrés qui exerçaient des réclamations d'état ou des
revendications de propriété, tous ceux d'autre part dont
les opinions politiques ou religieuses étaient persécutées
par le parti de la violence.

Il serait impossible de donner même un aperçu du
labeur considérable qui remplit son passage de quinze
années à la Cour de cassation. Toutes les matières lui
étaient devenues familières ; en dehors des grands débats
auxquels il a pris part, il a laissé une multitude de consul-
tations ou précis, que l'hospitalité courtoise des héritiers
de son nom nous a permis de parcourir dans sa belle
retraite de Bougival.

Les événements semblaient seconder ses efforts. On
sait quelle explosion de haines se produisit après la
chute du gouvernement des Cent Jours. Le parti des
ultras attribuait le retour de l'Empereur uniquement à
la douceur de la première Restauration ; il exigea du
pouvoir des mesures de répression exemplaires. Des
Cours prévôtales furent instituées pour rendre la justice
plus expéditive contre tous ceux que l'on suspectait de
sympathie à l'Empire ou à la Révolution.

Mais cette justice paraissait encore trop lente au gré
des passions ; des massacres ensanglantèrent la plupart

(1) Mémoires, t. 1, p. 42.

des villes du Midi : Nîmes, Montpellier, Toulouse, Marseille, Avignon, Bordeaux. La réaction tendait à rivaliser avec la Terreur, comme si les représailles et les violences pouvaient jamais servir un gouvernement. Mais les partis parvenant au pouvoir après une longue attente ne paraissent dans aucun temps écouter la voix de la raison ; ils rompent brusquement les freins que voudraient leur imposer des guides éclairés, les passions et la soif de la vengeance l'emportent même sur le sentiment de l'intérêt vulgaire que l'on ne perçoit plus, et les leçons du passé demeurent oubliées ou inutiles.

Les malheureux que poursuivaient les rancunes politiques devant les Cours prévôtales, essayaient tous de décliner ces terribles juridictions et s'adressaient à Odilon Barrot pour contester leur compétence devant la Cour de cassation.

C'était par exemple le colonel de Chambure, un des plus vaillants soldats de l'Empire. Forcé à la retraite par le nombre de ses blessures, mais ne pouvant rester insensible au spectacle de l'invasion étrangère, il avait organisé un corps franc, et, dans l'ignorance de la capitulation de Paris, continué la lutte contre l'armée autrichienne. Condamné aux travaux forcés à perpétuité, il parvint d'incidents en incidents, grâce à l'appui énergique de son Conseil, à gagner du temps et obtenir enfin sa libération.

Des ouvriers de Montpellier, pour avoir défendu leur vie contre les *Chevaliers du Brassard* étaient les uns exécutés avec une rapidité ne permettant plus le recours ; les autres, condamnés au bagne et marqués sur l'épaule, avaient du moins la ressource de faire réviser leur arrêt.

C'était à Nîmes la population protestante d'une commune qui, menacée du pillage par des bandes fanatiques, passa tout entière par la main du bourreau pour avoir repoussé leur attaque par les armes. C'était encore un simple soldat condamné à une peine infamante pour avoir conservé sur son uniforme un vieux bouton à l'effigie impériale.

Deux autres affaires devaient bientôt remuer profondément l'opinion publique et accroître la renommée de l'avocat.

Wilfrid Regnaud, un artisan de village, était accusé du meurtre d'une vieille femme d'une bourgade normande. Toutes les impossibilités physiques ou morales se réunissaient pour démentir la culpabilité de la façon la plus saisissante. Cependant il avait été condamné à mort. Odilon Barrot examine le dossier avec un soin minutieux : la procédure régulière rendait impuissant tout effort pour faire casser l'arrêt. Toutefois il découvre au nombre des charges l'accusation d'avoir figuré parmi les septembriseurs ; il la contrôle, elle est inexacte. Il constate aussi que les jurés étaient tous d'anciens émigrés ou des chevaliers de Saint-Louis. Enfin, parmi les pièces il relève un billet non signé adressé aux jurés, qualifiant l'accusé de buveur de sang et engageant à saisir l'occasion de lui faire expier ses anciens crimes. Ce rapprochement donna à l'avocat la certitude qu'un meurtre judiciaire allait se commettre. Sans espoir dans la clémence royale, il fit appel à l'opinion publique et plaça son client sous la protection de la presse. Charles Comte, dans le *Censeur*, M. de Jouy, dans son *Hermite de la Chaussée d'Antin* émurent tous les cœurs au récit de ce drame judiciaire. Benjamin Constant publia une série de lettres dans lesquelles il démontrait, avec la vigueur de sa dialectique et le charme de son talent, l'innocence de Wilfrid Regnaud.

Le mouvement fut tel que le chancelier Pasquier faisant appeler l'avocat pour lui reprocher les moyens extra légaux qu'il avait employés, dut lui déclarer que l'exécution devenait impossible. Les travaux forcés remplacèrent la peine de mort ; et Odilon Barrot raconte qu'un des plus beaux jours de sa vie fut celui, où, au lendemain de la révolution de 1830, il vit entrer dans son cabinet de préfet de la Seine un vieillard à cheveux blancs qui, avec une figure sereine et un air joyeux, se jeta dans ses bras. C'était Wilfrid Regnaud qui devait la liberté aux événements et la vie à son défenseur.

L'affaire des protestants allait avoir plus de retentissement et d'éclat. La liberté des cultes proclamée par la Révolution et la garantie égale accordée à toutes les religions par l'Etat ne pouvaient rencontrer la faveur du parti dominant. L'idée que la chute du trône avait pour cause l'affaiblissement de l'influence de l'Eglise s'était emparée des ultras ; ils prétendaient restaurer une religion d'Etat ou tout au moins confondre l'Eglise et l'Etat dans une unité indivisible. Partout ils encourageaient les manifestations publiques du culte. Une ordonnance interdisait tout travail les jours fériés de l'Eglise ; une autre prescrivait à tous les habitants de tendre leurs maisons de draps blancs sur le passage des processions du Saint-Sacrement. Une telle obligation parut la consécration d'un culte officiel et prééminent ; les autres cultes s'élevèrent aussitôt contre cette exigence du pouvoir. Les protestants du Gard et de l'Hérault furent condamnés ; un premier arrêt de la Cour de cassation rejeta leur pourvoi, par ce motif que les ordonnances de police sont exécutoires pour tous les citoyens, sans qu'il y ait lieu d'examiner leur caractère légal. Mais la résistance continua, de nouvelles condamnations pro-

noncées, la question revint une seconde fois devant la
Cour suprême. La situation était particulièrement déli-
cate : il s'agissait de poursuivre la lutte contre le gouvernement et de demander à la Cour de cassation un retour
sur une décision récente.

Odilon Barrot résolut de généraliser et de passionner
le débat, de négliger les points de détail pour discuter
devant ses juges les rapports de l'Eglise et de l'Etat et le
respect de la liberté religieuse.

« Devant la loi française, dit-il, il n'y a ni protestants,
« ni catholiques, il n'y a que des citoyens. La loi en
« France protège toutes les croyances, tous les cultes,
« elle ne s'identifie avec aucun. Le jour où elle s'identi-
« fiera avec l'un d'eux, il y aura une religion de l'Etat et
« les autres cultes pourraient bien encore être tolérés ;
« ils ne seraient plus libres. La liberté, c'est l'égalité
« dans le droit, c'est la neutralité de la loi. »

Tout ce qui touche au sens intime doit en effet demeu-
rer inviolable. Le législateur n'a pas à prendre parti entre
les doctrines philosophiques ou les croyances religieuses
qui se proposent à la préférence des peuples. Toutes les
fois sincères sont également dignes d'intérêt et de respect ; et le rôle de la loi n'est pas d'imposer l'une d'elles
à l'exclusion des autres, mais au contraire d'assurer indis-
tinctement la libre pratique de toutes, sans qu'il soit permis d'en blesser aucune.

Les jugements furent cassés. Il se produisit aussitôt
contre l'arrêt de la Cour un véritable déchainement de
passions. L'abbé de Lamennais écrivit dans le *Conserva-
teur* :

« M. Odilon Barrot a osé plaider devant la Cour de
« cassation que la loi française, neutre entre toutes les

« religions, devait les protéger toutes et ne s'associer à
» aucune. La loi n'est donc d'aucune religion, elle est
« donc *athée*. »

Le mot fit fortune, la polémique s'envenima et la
Cour suprême fut taxée d'irréligion. Aussi la discussion
s'étant représentée une troisième fois, le garde des
sceaux, M. de Serre, vint présider lui-même l'assemblée
des Chambres réunies. Odilon Barrot reproduisit sa thèse
de la neutralité de la loi avec la même vigueur, puis rele-
vant le reproche de l'abbé de Lamennais : « Oui, s'écria-
« t-il, la loi est athée, et elle doit l'être, si vous appelez
« athéisme la neutralité ; car elle ne peut cesser d'être
« neutre sans s'exposer à devenir persécutrice. »

A ces mots quelques magistrats s'agitèrent ; le président de Sèze en particulier, le courageux défenseur de
Louis XVI, demanda une peine disciplinaire contre l'avocat. Ses efforts restèrent inutiles, sa proposition fut
écartée et la Cour suprême maintint définitivement sa
dernière décision. Tels sont les termes exacts de ce débat
célèbre que l'iniquité des partis a si souvent dénaturé,
mais au cours duquel l'énergie et le talent de la défense
réussirent à faire triompher la cause de la liberté, de la
tolérance et de la justice.

De telles affaires attiraient l'attention générale sur
l'avocat et le désignaient naturellement pour un rôle politique. Déjà membre actif de la société des Amis de la
liberté de la Presse, présidée par le duc de Broglie, il devenait plus tard le conseil écouté, puis le président de
cette vaste association connue sous le nom de « Société
aide-toi, le ciel t'aidera », touchante et curieuse devise,
singulièrement appropriée aux événements qu'elle carac-
térisait. Les libéraux qui la composaient prêchaient le dé-

veloppement de l'initiative individuelle, invitaient les citoyens à se concerter pour examiner avec sang froid les actes du pouvoir, et leur opposer une résistance légale, lorsque les droits ou la liberté avaient à redouter quelque atteinte. Ils voulaient en un mot former l'esprit public. Nous avons peine à nous figurer aujourd'hui la généreuse émulation qui animait à ce moment l'école libérale. Il faut croire sans doute, que seuls, les partis qui rêvent la conquête du pouvoir sont capables d'organisation, de persévérance et d'efforts. A peine ont-ils obtenu la réalisation de leurs désirs, qu'ils cèdent à l'indifférence ou aux dissensions, oubliant que la vigilance et la concorde sont nécessaires pour distinguer les rumeurs du dehors et les revendications de la foule, satisfaire aux réclamations justes, réprimer les attaques des factions, et les empêcher de pervertir l'opinion, en dissipant chaque jour les malentendus qu'elles entretiennent ou les erreurs qu'elles propagent. Ou bien encore sont-ils descendus du pouvoir souvent par leur propre faiblesse, ils s'abandonnent à un pessimisme profond et une désespérance sans remède qui les immobilisent pour toujours. Comme si ce n'était pas le devoir le plus étroit de tout citoyen d'un peuple libre de veiller sans cesse, de ne se décourager jamais, et par une application soutenue, de contribuer dans la mesure de ses forces au salut de son pays.

C'est ainsi qu'Odilon Barrot comprenait ses obligations. Une loi récente disposait qu'un ordre signé de trois ministres suffisait pour arrêter et détenir un citoyen. Un comité immédiatement se proposa de fournir des secours et des conseils à tous ceux qui seraient lésés par cette décision nouvelle,

Il ne redouta pas d'en faire partie, et quelques jours

après, cet acte de résistance le conduisait devant la Cour d'assises avec ses collègues Mérilhou, Gévaudan, le général Pajol et plusieurs journalistes (1).

Le mouvement de réaction s'accentuait de la part du pouvoir. Le parti libéral dans toute sa puissance lors des élections de 1827 engage la lutte sur le territoire entier. Il envoie à la Chambre une majorité dépassant ses espérances, si bien que Charles X, contraint de céder un moment, confie la direction des affaires à M. de Martignac. Mais l'entourage du roi, son origine, so. éducation, ses préjugés, ses souvenirs, l'étroitesse de son esprit, tout concourait à lui faire bientôt regretter cette démarche. Descendant d'une longue suite de souverains absolus, élu de Dieu, il n'admettait pas l'expression de la volonté nationale et ne savait se résoudre à partager le pouvoir avec elle. Le prince de Polignac était bientôt appelé à succéder au cabinet libéral : le roi entrait en lutte avec la nation. On connaît la suite : les 221 dénoncés par le pouvoir comme ennemis personnels du roi, la Chambre dissoute, les 221 élus de nouveau par le pays, les ordonnances brisant la Chambre et supprimant les garanties parlementaires de la Charte constitutionnelle.

La volonté populaire méconnue ne tarda pas à répondre. Tant que le gouvernement, dit Odilon Barrot, a été constitutionnel, l'opposition de la nation est restée légale ; aujourd'hui le gouvernement viole la loi et fait appel à la force ; il faut laisser la force décider du conflit.

Après avoir participé à une consultation sur l'illégalité des ordonnances, il rentre chez lui, « rejette, dit-il, « ses livres et ses dossiers, endosse son uniforme d'offi-

____

(1) Les membres du Comité furent acquittés, et les journalistes qui avaient publié le manifeste condamnés.

« cier de la garde nationale, emploie ses secrétaires à
« faire des cartouches, et donne un billet de cinq cents
« francs à un jeune patriote pour acheter de la poudre et
« des armes. » (1)

Les événements se précipitent, partout les barricades
se dressent, les coups de feu retentissent. Le retrait des
ordonnances et les concessions, comme toujours, arrivent
trop tard. Une commission provisoire remplace à l'Hôtel
de Ville le gouvernement qui s'effondre ; Odilon Barrot,
choisi comme secrétaire, s'acquitte de ses fonctions avec
la vigueur et le sang-froid qu'exigeaient les circonstances
dans ces dramatiques journées. Puis, le lieutenant général du royaume le charge, avec le maréchal Maison et
M. de Schonen, d'accompagner la famille déchue et de
l'entourer de tous les égards dus au malheur. Acteur dans
les événements récents, rempli de joie par la révolution
de Juillet, il fallait contenir ses sentiments personnels
pour accomplir cette mission longue et difficile dont il
trace dans ses mémoires le récit émouvant.

Sa correction et sa délicatesse furent si parfaites que
Charles X lui en donna le témoignage écrit de sa main, et
la duchesse d'Angoulême, comme marque de la plus haute
estime, lui remit un blanc-seing non cacheté pour le
règlement de ses intérêts en France. Arrivé au terme de
ce pénible voyage, où il avait fallu ménager les suscepti-
bilités d'une grande infortune, et protéger les personnes
royales contre l'hostilité de populations exaspérées, « le
« 14 août, dit-il, le cortège entrait à Cherbourg, traver-
« sait silencieusement la ville et pénétrait, sans s'arrêter,
« dans l'enceinte murée du port militaire dont les portes
« se refermèrent aussitôt. Le temps était magnifique, et

(1) Mémoires, t. I, p. 102.

« le soleil éclairait de toutes ses splendeurs cette triste
« et solennelle cérémonie. Nous avions fait une dernière
« inspection des bâtiments, et debout, découverts, nous
« attendions le roi et sa famille pour assister à son em-
« barquement : ses vieux et fidèles serviteurs dont la
« plupart avaient déjà éprouvé les douleurs d'un premier
« exil, étaient là, tristes, consternés, attendant aussi que
« leur maître parût. Ce fut un moment d'attendrissement
« universel que celui où nous vîmes descendre ce vieil-
« lard sur lequel tant d'infortunes s'étaient appesanties,
« sans altérer en lui les grâces de la jeunesse, et sans
« troubler cette sérénité d'âme que lui donnaient, au mi-
« lieu des plus cruelles épreuves, ses croyances profondes
« et sincères. L'attendrissement redoubla, et les sanglots
« recommencèrent à éclater autour de nous, lorsqu'après
« lui descendit, couverte de ses vêtements de deuil qu'elle
« n'avait jamais quittés, la duchesse d'Angoulême, cette
« sainte femme à qui la Providence n'avait épargné aucune
« douleur ; puis vint un jeune enfant, et à son apparition,
« un frémissement se fit entendre au milieu de cette foule
« d'exilés » (1).

Pendant le voyage de Cherbourg, Odilon Barrot apprit
que le roi Louis-Philippe l'avait nommé préfet de la
Seine. A son retour, il déclina tout d'abord ce témoignage
de la faveur royale, préférant ses dossiers et la vie de
famille où il avait trouvé les satisfactions qu'il nous a
décrites en termes si touchants (2). « Chacun se doit à
« son pays, reprit le roi ; nous aurons encore de rudes
« journées à traverser. Je vous ai placé à un poste dan-
« gereux et par conséquent d'honneur. Quand les orages

(1) Mémoires, t. I, p. 179.
(2) Mémoires, t. I, p. 98.

« seront passés, alors nous consulterons vos goûts. Quant
« à présent, mes ministres et moi, nous avons été una-
« nimes à penser que personne mieux que vous ne pou-
« vait occuper le poste de l'Hôtel de Ville. »

L'insurrection grondait encore ; le pouvoir, né au milieu
d'elle, était obligé d'user d'habileté à son égard ; le parti
révolutionnaire, arrêté dans sa course et mal satisfait de
l'établissement de juillet, pouvait reprendre les armes. Le
gouvernement avait besoin d'une personnalité populaire
qui, par la confiance qu'elle inspirait à la foule, fût capable en même temps de contenir ses ardeurs ; Odilon Barrot
ne crut pas devoir se soustraire à cette charge où de si
graves épreuves l'attendaient.

L'injustice des partis s'est étudiée à créer des légendes
sur l'attitude du préfet de la Seine dans ces circonstances
difficiles. Accusé de négligence à prévenir et réprimer
l'émeute, il a été soupçonné même d'encouragement ou de
tendresse pour elle. On sait avec quelle réserve il con-
vient d'accueillir le jugement d'adversaires que l'intérêt
ou la passion a détournés parfois d'une appréciation rai-
sonnable et sincère. Sans doute l'école libérale et le cabinet Laffitte, qui en était le reflet, professaient des notions
gouvernementales qui ne paraissent pas aujourd'hui à
l'abri du reproche, bien que les expériences de notre
temps ne permettent pas, à vrai dire, de nous montrer
trop sévères. Le Préfet a-t-il partagé les défauts de l'é-
poque ? Sa conduite s'est-elle ressentie de son goût immo-
déré de la popularité, qui égala, dit-on, celui du général de
Lafayette. Il en coûte de l'admettre. Le préfet de la Seine
n'était-il qu'un simple édile, ou avait-il mission de prendre
des mesures d'ordre ? La préfecture de police doit-elle
partager avec lui ou porter seule la responsabilité des

événements ? Le désordre pouvait-il être empêché ? Autant de questions restées dans l'ombre. La critique comme l'éloge n'ont établi sur ce point rien de positif ni de précis.

Les dangers conjurés, les calomnies qui le pourchassaient et surtout les griefs qu'il croyait pouvoir diriger contre la politique royale, le décidèrent à la retraite, suivantà quelques jours Dupont de l'Eure et Lafayette. Il reprenait sa liberté pour soutenir à la tribune les idées qu'il reprochait au roi de ne pas appliquer.

Alors commença cette opposition de dix-huit années, non contre le principe monarchique, mais contre les procédés de gouvernement du monarque. Le parti libéral voyait dans la révolution de Juillet la revanche des institutions parlementaires contre ceux qui avaient eu le fol espoir de les renverser. Le gouvernement appelé pour garantir le triomphe du droit contractuel sur le droit divin, devait donc se prêter de bonne grâce à la pratique sincère des règles constitutionnelles. Mais l'opposition dynastique allait, pendant tout le règne, poursuivre cet idéal sans l'atteindre.

Le roi, avec des qualités éminentes, semblait peu enclin à céder aux aspirations modernes. Sa supériorité était trop réelle pour n'avoir pas le désir d'imposer ses vues personnelles, son abnégation insuffisante pour laisser ses ministres gouverner en son nom. Il profitait de l'événement de juillet, l'ayant prévu, sans le souhaiter, peut-être même sans l'approuver ; et malgré la vivacité de son esprit, il ne paraissait disposé ni à comprendre les circonstances, ni à se plier aux nécessités nouvelles. Que lui demandait le pays ? Ne prendre aucune part au gouvernement, et se résigner à un rôle purement représentatif. La France avait fait deux révolutions pour obtenir la direction de ses affaires ; n'était-ce pas le cas de satisfaire à son désir et de laisser la nation participer à la puissance publique par ses mandataires contrôlant les ministres investis de leur confiance. Le devoir ne commandait-il pas de faire l'éducation politique du pays, de persuader au peuple de ne plus tout attendre du pouvoir, de renoncer à cette alternative de le servir aveuglément ou de le détruire, l'associer aux intérêts publics et, créant ainsi une solidarité étroite entre toutes les fractions de la société, réaliser cet idéal toujours poursuivi du perfectionnement et de la paix sociale. « Faites, disait le tribun « libéral, qu'il y ait des intérêts à gérer en commun, des « droits communs à défendre, qui forcent pour ainsi dire « les citoyens de toutes les classes, riches et pauvres, à « se rencontrer incessamment dans les mêmes rangs. à « unir leurs intelligences et leurs efforts dans un but com- « mun, à s'entendre, et par là à se connaître ; vous verrez « alors si bientôt ne disparaîtront pas les haines de classe « contre classe. La passion politique réunira ceux que l'in- « térêt personnel et égoïste a si malheureusement divi- « sés. » Ni le roi, ni les classes moyennes qui formaient son appui le plus solide, n'eurent assez de générosité et d'élévation pour mesurer la grandeur et l'utilité de ce rôle.

Le roi, hanté par les souvenirs de la Terreur, redoutait l'élément populaire ; un jour que ses ministres lui proposaient l'abaissement du cens à 200 francs, il se crut menacé par la Révolution. Peut-être aussi l'hérédité, pesant sur sa personne, l'empêchait-elle de renoncer à toute action gouvernementale. S'appuyant ouvertement sur ce principe que la nation était incapable de se diriger

elle-même, il voulait tout voir, tout faire, tout conduire (1).
Il donnait directement des instructions aux agents du pouvoir en dehors de ses ministres, souvent en contradiction
avec eux (2). La Bourgeoisie, insuffisamment pénétrée de
la mission qui lui était échue, ne se façonnait pas dès l'a-
bord à ces pratiques de résistance patiente, de contrôle
éclairé qui sont la marque d'une classe puissamment or-
ganisée. Ses mœurs publiques n'étaient pas assez formées
pour apercevoir le point précis où elle devait céder ou
résister, soit aux exigences du pouvoir, soit à l'entraînement des masses. Elle voyait dans le droit électoral
accordé à un petit nombre plutôt une situation à garder

(1) « Il était plus franc de dire aux masses : vous n'y entendez rien ; lais-
« sez le commandement à qui a servi, étudié ; de même que si vous entrez
« dans les ateliers, on vous répondra ; laissez cela, vous n'y entendez-rien,
« vous allez vous blesser. » (Discours de M. Dupin à la Chambre des députés.)

(2) Lors de l'échauffourrée du cloître St-Merry, les députés de l'opposition s'étaient réunis chez M. Laffitte pour examiner la conduite à tenir.

— Vous n'avez à choisir qu'entre deux conduites, dit Odilon Barrot :
ou vous mettre à la tête des insurgés, ce qui serait non seulement un
crime, mais une insigne folie, car vous ne savez que trop où cela vous
conduirait ; ou aller tout de suite trouver le roi aux Tuileries, pour lui
porter notre protestation contre une émeute que rien ne justifie. Il y aurait
un troisième parti à prendre, qui consisterait à attendre de quel côté se dé-
clarera la victoire, pour se porter de ce côté, mais ce serait là une insigne
lâcheté, dont vous n'avez sûrement pas la pensée.

Laffitte, Odilon Barrot et Arago allèrent aux Tuileries exposer les griefs
du parti libéral. Ils faisaient remarquer au roi que la politique de ses ministres pouvait bien n'être pas étrangère à l'excitation populaire.

« La politique de mes ministres, interrompit brusquement Louis-Philippe,
« je ne sais ce que vous voulez dire. Sachez, messieurs, qu'il n'y a qu'une
« politique, c'est la mienne. Essayez de me persuader, j'en changerai ;
« mais jusque-là, dût on me piler dans un mortier, je ne m'en départirai
« pas.

Nous fûmes stupéfaits de cette déclaration ; nous nous disions tristement,
en sortant des Tuileries, que si nous avions fait une révolution pour rem-
placer le gouvernement personnel de Charles X par un gouvernement vrai-
ment parlementaire, nous avions eu la main malheureuse. (Mémoires,
t. I, p. 271.

que la source de devoirs à remplir ; de là son opposition persistante à tout projet de réforme qui tendait à diminuer ses avantages.

La noblesse était tombée jadis pour avoir vu dans les privilèges, non les obligations sociales qu'ils créaient, mais les bénéfices qui s'y rattachaient. Le même sort était réservé à la bourgeoisie pour avoir partagé la même erreur.

Odilon Barrot faisait toutes ces critiques : le gouvernement qui avait bercé ses espérances et déterminé son choix devenait pour lui la cause de pénibles désillusions. « Dans cette situation, dit-il, notre ligne de conduite était « en quelque sorte forcée : tout attendre du temps, du « fonctionnement régulier de nos institutions et rien de « la violence ; tendre la main à tous ceux qui se rappro- « chaient de nous pour assurer le jeu vrai et loyal du « gouvernement représentatif ; repousser au contraire « toute solidarité avec les hommes qui voulaient une se- « conde révolution ; ne rien demander comme opposition « que nous ne fussions prêts à réaliser tout de suite, si « nous arrivions au pouvoir ; et pour cela, garder une « grande modération dans nos projets de réforme, tout « en travaillant à améliorer lentement, progressivement, « nos institutions et nos lois ; nous efforcer de former « également les mœurs politiques de notre pays par de « bons exemples ; enfin à force de fermeté dans les opi- « nions et de modération dans les formes, ramener le « gouvernement de Juillet, même malgré lui, aux condi- « tions de son origine : tel était le programme obligé de « ce parti constitutionnel et parlementaire que l'opinion « publique a très justement appelé l'*opposition dynasti-* « *que,* car cette opposition voulait sincèrement conserver

« la dynastie, et jusqu'au dernier moment elle l'a dé-
« fendue. » (1)

Les qualités de l'orateur se prêtaient à merveille à ce
rôle de chef de parti ; préparé depuis plusieurs années
par sa participation au mouvement politique, il n'avait
pas à redouter le passage de la barre à la tribune. On a
vu parfois les maîtres du barreau échouer au Parlement,
de même des orateurs familiers avec les moindres difficultés de la tribune n'ont pas toujours réussi à la barre.
Les règles sont en effet différentes. La barre sollicite une
démonstration minutieuse et savante qui laisse peu de
place à l'imprévu. On y défend des intérêts particuliers ;
on parle devant un auditoire impassible le langage de la
raison plus que celui de la passion. La tribune prête au
contraire son appui aux intérêts généraux. Elle entend
parfois plus d'affirmations que de preuves ; on y cède à
l'inspiration du moment ; on subit les fluctuations conti-
nuelles d'un auditoire passionné etmobile ; il en faut connaître les sentiments divers, et ne pas redouter les mou-
vements multiples que provoque le débat. Un chef de parti
surtout, un *leader*, pour employer le terme de nos voisins,
est habile à tirer profit des circonstances, à prendre la
parole à tout moment pour provoquer ou répondre.

C'est à cet art que le chef de l'opposition excellait.
Rompu très vite à la tactique parlementaire, il savait à
merveille choisir l'occasion propice d'une intervention ;
préparé ou non il la saisissait toujours, peu préoccupé de
la rigueur de la forme et des exigences du style, ou des
effets savamment ménagés dans la méditation et le silence. Il voyait un devoir à remplir, il le remplissait ; il
est à coup sûr l'un des orateurs de ce siècle qui ont le

(1) Mémoires, t. I, p. 227.

plus improvisé. Au premier mot son autorité commandait l'attention. L'orateur indiquait la grandeur du sujet ; puis le discours s'écoulait avec une abondante fécondité ; bientôt le débit s'échauffait, la pensée s'élevant élargissait le cadre du débat, franchissait avec l'auditeur de vastes espaces et ne l'abandonnait qu'après avoir remué profondément en lui les mobiles les plus généreux. A l'égal de ses contemporains les somptuosités du langage et la périphrase lui étaient familières, et la richesse des développements oratoires ne se montra pas toujours en harmonie parfaite avec celle des idées. Il parlait sous le coup des événements ; aussi l'intérêt de ses discours est-il atténué aujourd'hui en raison de la distance qui nous sépare d'eux. On n'y rencontre pas ces exposés dogmatiques et sévères de doctrines politiques, ou ces développements philosophiques qui ont fait le succès durable des harangues longuement étudiées de Royer-Collard. Seules quelques idées générales se dégagent, entourées de phrases accessoires auxquelles il s'abandonnait dans l'entraînement ou l'ardeur de la lutte. Il aimait négliger le détail d'une question pour remonter aussitôt aux principes qui la dominent ; il avait un rare bonheur dans le choix de formules assez larges pour éviter les objections secondaires, et réunir rapidement son auditoire sous une impression commune.

Nul n'a su manier avec plus d'à propos ces grandes idées de patrie, d'honneur de la France, de respect de la liberté qui soulèvent facilement les réunions populaires et obtiennent toujours la faveur des assemblées politiques.

Non seulement il luttait pour obtenir du pouvoir la pratique sincère du régime parlementaire, mais apôtre de la révolution, il s'efforçait d'attirer à elle tous les éléments de la nation.

« Quelques hommes s'en séparent aujourd'hui, disait-il
« dans son discours de début à la tribune ; ils boudent dans
« leurs manoirs contre notre révolution et croient par là en
« compromettre les destinées ; mais ils se lasseront de léur
« isolement ; ils se rattacheront tôt ou tard à la masse de la
« nation ; ils finiront par reconnaître qu'il y a même pour
« eux un noble rôle à jouer dans nos institutions, qu'on
« peut encore y trouver une légitime aristocratie : celle
« du bien à faire, des intérêts populaires à défendre, de
« l'impulsion à donner à toutes les entreprises qui peu-
« vent contribuer à l'amélioration des hommes. Tôt ou
« tard ils s'apercevront qu'il y a quelque chose de préféra·
« ble dans ce monde aux faveurs de cour et à tous les
« colifichets dont se repaît la vanité : c'est cette juste et
« universelle considération qui entoure le citoyen utile ;
« c'est après une longue carrière de pouvoir mesurer le
« bien qu'on laisse après soi, et d'arriver à sa dernière
« demeure accompagné des hommages et des regrets de
« son pays. » (1)

Vous le voyez, Messieurs, la politique *du ralliement* ne date pas d'hier. Quelle constance ne faut-il pas pour attendre que les idées pénètrent et que les systèmes aboutissent. Après de longues éclipses, l'évolution reprise se poursuit lentement. Elle est encouragée par les autorités les plus hautes qui continuent leur marche avec une clairvoyance lumineuse. Les défections, les résistances, les attaques se brisent contre une tenacité rare soutenue par la vue nette de l'avenir ; et il paraît être dans la force des choses que le mouvement atteigne le terme où il tend, à

(1) Mémoires, t. I, p. 234.

moins que quelque événement soudain ne vienne remettre en question l'existence même du pays.

Odilon Barrot recherchait précisément le rapprochement des classes et l'union de tous les Français. Il désirait former l'élément populaire, développer en lui le sentiment de ses devoirs, le mettre en garde contre les théories décevantes de ceux qui l'abusent, et éviter les retours subits qui se produisent fatalement lorsque la diffusion des doctrines malsaines est devenue une menace pour tous.

Il eût voulu que le pouvoir partageât cette conception élevée. Il demandait pour cela que les libertés politiques fussent pratiquées de façon à donner à l'opinion publique le moyen de se manifester en toute sincérité. Il protestait contre le nombre croissant des fonctionnaires dans le Parlement, reprochait au roi de ne pas chercher à connaître la volonté nationale, et de peupler la chambre de serviteurs à gages de sa politique au lieu d'y laisser pénétrer les véritables mandataires du pays.

Telles furent les raisons du long combat qu'il soutint à la tribune et à la barre. Avant de céder sa charge, il parut une dernière fois à la Cour de cassation lors de l'insurrection du cloître Saint-Merry. Une ordonnance royale avait déclaré Paris et plusieurs départements en état de siège, et traduisait devant les conseils de guerre non seulement les combattants pris les armes à la main, mais encore des journalistes, des écrivains qu'on accusait d'avoir, par leurs publications antérieures, excité la population à la révolte. L'avocat dénonça cette mesure comme anticonstitutionnelle, montra que la charte ne permettait sous aucun prétexte d'enlever les citoyens à leurs juges naturels, et obtint la cassation des jugements du Conseil de guerre, qui avaient déjà condamné plusieurs accusés.

Puis il se fit inscrire au barreau de la Cour d'appel, où chacune de ses apparitions que motivait l'intérêt passionnant ou la nature politique du débat était saluée par les applaudissements de ses confrères. Dans l'affaire *la Roncière*, se mesurant avec Berryer et Chaix d'Est-Ange, il soulevait l'enthousiasme de l'auditoire ; de même dans le procès du *Roi s'amuse* où il plaidait contre Chaix d'Est-Ange la cause de la liberté d'écrire.

Cependant ses réclamations persistantes restaient sans effet. Les élections de 1847 dénaturées par l'action gouvernementale ramenaient une majorité de nature à faire illusion au roi ; chaque jour le pouvoir se raidissait davantage. M. Guizot contestait les prétentions du parti libéral et affirmait à la tribune que la nation ne demandait pas de réformes.

Le défi fut rapidement relevé. N'espérant plus rien, ni de la Chambre, ni du pouvoir, Odilon Barrot fit appel à la nation. Alors commença cette campagne des banquets dont l'influence pesa si lourdement sur les destinées de la France, et qui aujourd'hui encore sert d'aliment aux plus ardentes controverses.

Sans doute un parlementaire aurait dû se restreindre aux moyens habituels d'opposition, la presse et la tribune, ou tout au moins attendre les élections suivantes et s'adresser au corps électoral. Jugeant la nation atteinte dans l'exercice de sa souveraineté, il se tournait vers elle pour provoquer une manifestation éclatante et faire connaître la vérité au roi. Il n'entrevit aucun des dangers de son entreprise.

Au lieu de rompre les digues du courant populaire, l'habileté n'eût-elle pas commandé la patience ! Il oubliait un peu sa devise d'autrefois : tout attendre du temps, et rien de la violence. Thiers et Dufaure s'efforçaient vainement de le retenir ; le sens politique cédait le pas au goût de la popularité dont il ne pouvait se résoudre à abandonner les douceurs. Avait-il une confiance aveugle dans le peuple ? Se flattait-il de le diriger plus tard, et croyait-il que la seule apparition de son nom au pouvoir suffirait à calmer les appétits déchaînés ?

On ne peut sérieusement méconnaître la légitimité de ses revendications, et leur modestie ; leur opportunité semble plus contestable, et si l'on mesure l'étendue de leurs conséquences, ceux qui aiment passionnément ce pays peuvent difficilement se défendre d'une vive amertume. Qui doit porter la responsabilité la plus lourde, de l'opposition ou du pouvoir ? Si l'on accuse l'opposition d'imprudence, il faut s'empresser d'ajouter qu'on ne saurait être indulgent au pouvoir ?

Nul ne fut plus surpris de la révolution que celui qui en avait été l'initiateur involontaire. Jusqu'au dernier moment il protesta publiquement de son dévouement sincère à la monarchie. Au banquet de Lille il se retira avec éclat à la nouvelle que Ledru-Rollin proposait de supprimer le toast au roi. Il refusa de prendre part au banquet du XIIe arrondissement lorsqu'il vit s'accumuler les orages et le flot révolutionnaire monter. Le tourbillon fut rapide ; la présidence du Conseil confiée à Odilon Barrot parut cette fois encore une concession tardive ; il ne put rencontrer assez tôt la duchesse d'Orléans pour la conduire à l'Hôtel-de-Ville et la faire acclamer par la population parisienne ; M. Dupin l'avait entraînée au Palais-Bourbon pour y trouver l'émeute qui devenait bientôt maîtresse partout. La royauté était emportée.

Pour la troisième fois la France se séparait d'une dynastie, dont le prestige, les fautes et les malheurs apparaissent sans précédent dans l'histoire. Peut-être ses destinées tragiques lui eussent-elles été épargnées, si débarrassée de ses entraves et parvenue au faîte de l'unité et de la puissance, elle avait, gardant les traditions de son origine, su connaître son peuple, le comprendre et l'aimer.

Après la tourmente qui avait causé tant de désastres, nous retrouvons l'orateur sur les bancs de l'Assemblée nationale, silencieux et attristé. La discussion de la constitution le ramène à la tribune, acceptant dans la République la forme logique et nécessaire du gouvernement de la France, fermement résolu à servir son pays sous ce régime qu'il suppose capable de satisfaire davantage les idées qu'il avait si longtemps défendues. Et quels émules rencontre-t-il ? Thiers, Dufaure, Jules Favre, Berryer, Sénart, Lacordaire, Michel de Bourges, Montalembert, de Falloux, Ledru-Rollin, Lamartine, Crémieux, Victor Hugo lui-même qui avait apporté une adhésion éclatante à la République, de Lamoricière, Changarnier, Bujeaud, aussi vaillants à la tribune française que valeureux sur la terre africaine.

Jamais la liberté parlementaire n'avait brillé d'un pareil éclat. Il semblait qu'avant de s'éteindre, elle voulût se parer de toute sa splendeur. et jeter un dernier défi à ceux qui allaient la briser.

Mais la représentation nationale s'inspirait de principes contre lesquels Odilon Barrot devait en vain exercer son talent et épuiser ses efforts. Voyant la majorité dominée par le goût de l'absolu et l'abus de la logique, il essaya de la prémunir contre ses tendances et combattit avec énergie le système de l'assemblée unique, et l'élection directe du chef de l'Etat par le peuple.

Appelé comme président du Conseil à mettre en œuvre cette constitution dont il avait signalé les vices et prévu les dangers, il occupa le pouvoir une année, aux prises avec les difficultés les plus redoutables : excès démagogiques de la Montagne, violences des clubs, désordres de la presse, et enfin l'insurrection. Son passage au gouvernement est une des périodes de sa vie qui honorent le plus sa carrière. Eclairé par l'expérience, sentant que dans le passé l'école libérale avait parfois trop affaibli l'autorité, il comprit que le seul moyen de protéger les libertés acquises était d'établir des règles rigoureuses ou de faire disparaître les éléments qui pouvaient les troubler. Les clubs, foyers innombrables d'agitation révolutionnaire, menaçaient la sécurité générale : « Les clubs, s'écria-t-il
« à la tribune, sont destinés, selon Washington et La-
« fayette, graves autorités en fait de liberté, à perdre
« tout gouvernement libre. L'Assemblée Constituante
« avait cru, elle aussi, qu'il lui suffirait de réglementer
« les clubs : qu'est-il arrivé? ce qui arrivera toujours
« et fatalement en pareille matière ; c'est que cette puis-
« sance des clubs s'est jouée des vaines entraves qu'on
« lui avait données. Le club des Amis de la Constitution,
« d'abord assez modéré, est devenu le club des Jacobins ;
« et la Convention elle-même, après avoir longtemps cédé
« aux exigences impérieuses de ce club qui la dominait,
« après avoir consenti trop longtemps à être l'exécu-
« trice de ses œuvres sanglantes, s'est vue forcée de
« se retourner un jour contre ces maîtres impérieux
« qui, à chaque concession qu'on leur faisait, disaient :
« *Pas assez* ! et poussant le gouvernement toujours en

« avant à travers les ruines sanglantes, ne se seraient
« arrêtés qu'au néant. Pour s'affranchir de ce joug, il
« a fallu livrer une bataille, le sang des citoyens a coulé ;
« devons-nous nous laisser acculer à de telles néces-
« sités ? N'est-ce donc pas assez des avertissements du
« 16 avril, du 15 mai, des funestes journées de juin ? Cha-
« cun ici a sa responsabilité : que d'autres acceptent la
« responsabilité des clubs et de leurs œuvres ; pour nous,
« nous acceptons de grand cœur celle de leur suppres-
« sion. »

L'exemple ne tarda pas à suivre ces courageuses pa-
roles, les clubs furent fermés. La presse, livrée à elle-
même, s'abandonnant chaque jour aux provocations les
plus criminelles, devenait un danger permanent. Il sut
porter remède à ce péril en maintenant la liberté d'écrire
dans des limites assez fermes pour en assurer l'exercice.
Puis, lorsque l'effet de funestes doctrines provoqua l'insurrection, il étouffa vigoureusement la révolte et déféra
sans retard les insurgés à la justice répressive.

Bientôt, pressentant l'avenir, il prépara la revision de
la constitution pour prévenir les événements qui se des-
sinaient.

L'accord entre le chef de l'Etat et son ministre ne pouvait dès lors se prolonger beaucoup. Mais le sacrifier n'é-
tait pas chose aisée ; lui-même l'avait proclamé la seule
personnalité qui pût occuper le pouvoir ; et puis son inté-
grité, ses services, la place qu'il tenait dans l'opinion,
tout rendait l'exécution difficile. Le hasard d'un accident
de cheval vint servir ses projets. Retenu à la chambre
depuis quelques jours, le président du Conseil était à sa
villa de Bougival, lorsqu'on lui apprit que le prince, en
son absence, l'avait remplacé à la direction des affaires. Il

accueillit cette nouvelle sans surprise, il résigna le commandement sans amertume, tant ses séductions offraient à ses yeux peu de prix, mais plein d'angoisses pour l'avenir de son pays.

Le prince lui envoyait l'émissaire des circonstances délicates, Edgard Ney, pour lui remettre ce qu'on appelle, en pareil cas, un adoucissement ou une compensation sous la forme des insignes de Grand-Croix de la Légion d'honneur. — « Je ne comprends pas, dit le ministre disgrâcié, le prince ignore donc que je ne suis pas même chevalier. — Cette difficulté est prévue, une série de décrets vous confère successivement tous les grades. — Vous remercierez le prince, on ne décore pas un serviteur qu'on renvoie. »

C'est ainsi qu'il quitta le pouvoir, indifférent à ses faveurs. Il l'avait manié avec fermeté, au grand étonnement des libéraux de ce temps. Il régnait à ce moment cette opinion qu'être libéral, c'est détruire l'autorité, refuser tout concours au gouvernement. Faisant un jour son examen de conscience, il n'hésitait pas à qualifier cette opinion d'absurde : « Car, lorsque le pouvoir, disait-« il, est accompagné de la liberté, il devient l'affaire de « tous en général et de chacun en particulier. Je ne sais « si cela est encore bien compris en France; pour moi, et « malgré la mauvaise réputation que dix-huit années « d'opposition m'ont faite, je ne l'ai jamais compris autre-« ment; je n'ai jamais cherché le pouvoir comme satisfac-« tion de vanité; mais je ne me suis pas cru autorisé à le « repousser, lorsqu'il s'est présenté à moi comme un « devoir et dans des conditions qui me permettaient de « m'en servir pour le bien de mon pays. Aussi n'ai-je eu « à le manier que deux fois dans ma vie, et dans les cir-

« constances les plus extrêmes. Je n'en ai nul regret,
« surtout si mon exemple pouvait corriger cette opinion
« erronée que je viens de signaler et qui est un des
« grands obstacles à l'établissement solide de la liberté
« en France (1).

Là se termine le rôle de l'orateur de la bourgeoisie
libérale. Bientôt la tribune est interdite et la Chambre
incarcérée.

Atteint par les déceptions politiques, cruellement frappé
dans ses affections domestiques par la perte d'une fille
adorée, et d'une compagne remarquable, qui avait su
s'associer à toutes les émotions de sa vie, il se retire
alors sous ses beaux ombrages de Bougival avec quelques amis des bons jours, devisant des événements
passés et des illusions perdues. Son délassement favori
était, dit-on, d'arracher des arbres; faut-il voir là le trait
caractéristique des grands libéraux? Il prononce quelques
discours à de rares intervalles, communique deux études
sur l'*Organisation judiciaire* et la *Centralisation* à l'A-
cadémie des sciences morales, dont il était membre, et ne
sort de sa retraite qu'aux derniers jours de l'Empire (2),

(1) Mémoires. t. III, p. 491.

(2) Vers la fin de l'année 1869, sollicité d'accorder son patronage à un
journal judiciaire créé par quelques membres du barreau de la Cour de
cassation, il écrivait la lettre suivante à l'un des fondateurs, M. Albert
Gigot, qui a bien voulu nous la communiquer :

    « Mon cher et honoré confrère,
  « J'ai reçu votre lettre du 21 avec le premier numéro du journal judi-
« ciaire que vous venez de fonder. Vous étiez bien assuré d'avance de toutes
« mes sympathies, dès que vous consacriez votre feuille à développer la no-
« tion si effacée de la résistance légale dans notre pays ; vous avez bien
« raison de dire dans votre programme que « la France est la nation où
« l'on fait le plus de lois, où on les fait et défait le plus vite, et où on
« les connaît le moins ; vous auriez pu ajouter que c'est malheureuse-

sollicité par l'Empereur de prêter son concours à l'évolution qu'il prépare.

Il n'est pas ménager de ses conseils au souverain qui les demande, sans pouvoir les suivre, envahi à ce moment par des préoccupations dynastiques ne lui permettant pas de dériver vers la liberté le courant qui l'emporte. Le maître cherche à le retenir par les offres les plus flatteuses, il s'enfuit dans son village de la Lozère où il aimait à se retrouver chaque année. Puis surviennent les malheurs qu'il avait prévus ; rentrant de ses montagnes, après le Quatre-Septembre, il rencontre sur sa route un jeune disciple de son école qui devait faire noblement revivre dans les assemblées suivantes ses traditions oubliées. Longuement ils causèrent, évoquant les grands souvenirs de ceux qui les avaient précédés dans la lutte : le duc de Richelieu s'exposant aux inimitiés des partis pour vouloir les maintenir dans la discipline et la sagesse ; M. de Serre laissant à la tribune les restes d'une santé épuisée par la bataille après avoir lancé dans la mêlée quelques-uns des plus beaux accents dont l'éloquence française se soit honorée ; Laîné qui, suivant l'expression de Sauzet, aimait la liberté comme un Romain des grands jours de la Répu-

« ment aussi le pays où les juges sont les plus nombreux, et où le droit
« est le moins garanti. Travaillez donc à restaurer la religion du droit ;
« signalez avec énergie toutes les occasions où il reçoit quelque atteinte
« directe ou même indirecte ; ne recherchez pas, à l'imitation de quelques
« confrères, le côté plaisant ou dramatique des causes dont vous rendez
« compte, mais le côté moral et philosophique. Que votre journal soit
« comme un cabinet de consultation toujours ouvert à tous ceux dont le
« droit a été lésé, et vous aurez bien mérité de tous les gens de bien. Vous
« aurez tout à la fois servi la liberté et même le principe d'autorité. Je vous
« prie de me compter au nombre de vos adhérents et de vos abonnés.

« Recevez la nouvelle assurance de mes sentiments de parfaite confraternité. »

« ODILON BARROT. »

blique ; Martignac immortalisé par la défense de ceux dont il avait inutilement tenté de prévenir les excès.

Puis, après avoir rappelé les gloires du passé, ils confessèrent aussi ses faiblesses, et ne voulant s'attarder aux tristesses du présent assombri, ils envisagèrent les effets que pouvait produire dans la suite le régime électoral pratiqué en France depuis vingt années. Ils échangèrent leurs inquiétudes, et le vieillard laissa tomber ces mots empreints d'une mélancolie profonde : je vous félicite d'être et de rester quand même un libéral.

L'année suivante, la France adressa un dernier appel à son dévouement : M. Thiers lui confia la présidence du Conseil d'Etat lors de sa réorganisation. Il accepta de servir le régime républicain, pensant que la forme du gouvernement est un fait secondaire qui peut varier selon l'esprit ou les nécessités d'une époque. « Ce qui doit rester « invariable, disait-il, sous la république comme sous la « monarchie, c'est le respect des droits individuels, ce « sont les principes qui permettent aux nations de se gou- « verner elles-mêmes. »

Malgré son grand âge, il déploya un zèle infatigable dans ses fonctions, croyant avoir retrouvé l'entrain et l'ardeur de la jeunesse. Bientôt ses forces le trahirent, et il s'éteignit le 6 août 1873, après une longue et laborieuse carrière consacrée toute entière au service d'une grande cause.

Jusqu'au dernier jour il était resté inébranlable dans ses opinions, conciliant dans sa conduite, toujours l'homme du droit et du devoir, ne désespérant jamais de son parti, qu'il servit avec le même courage dans la défaite et dans la victoire.

Jurisconsulte consommé, avocat éminent, grand honnête

homme, peut-être l'orateur brilla-t-il plus par l'abon-
dance qui entraîne, que par la force qui résiste ; et
l'homme public eût gagné sans doute à révéler plus tôt
ses qualités de clairvoyance et d'esprit politique.

Les efforts de cette noble existence ne doivent pas rester stériles. Les fruits peut-être seront longs encore à
cueillir. Lui-même ne nous a-t-il pas enseigné la patience ?
S'il n'en a pas toujours donné l'exemple, il eut du moins
pour excuse de vivre au temps où la France s'essayait à
l'expérience de la liberté. Les conditions de ce régime
étaient encore peu précises ; l'école libérale, il faut bien le
dire, ne sut pas toujours discerner les règles indispensables
à tout gouvernement quelle que soit sa forme, et laisser
au pouvoir ce qui légitimement devait lui revenir. La
période des grandes luttes est passée, mais le rôle des suc-
cesseurs pour être plus pacifique ne se présente pas moins
difficile. Il leur appartient de donner la durée aux libertés
acquises, tout en déterminant le domaine que l'autorité doit
nécessairement conserver. Il s'agit de maintenir en leur
vraie place et d'utiliser chacune des forces de la nation,
d'enseigner le devoir à l'égal du droit, d'assurer à notre
régime politique un fonctionnement qui puisse flatter l'or-
gueil national et se montrer digne d'un grand pays comme
la France.

Après avoir mesuré le chemin parcouru, il est permis du
moins de regarder l'horizon et de se demander si les nuages
se dissiperont enfin. L'esprit public parviendra-t-il à se
former dans ce pays? Ou devons-nous être condamnés à
des alternatives perpétuelles de licence et de césarisme ?
Faut-il rendre responsable de ce mal la base même de
nos institutions, ou au contraire penser que l'élément
populaire, pondéré par des règles prudentes qui s'impose-

ront tôt ou tard, pourra procurer un jour l'assiette solide d'un établissement définitif.

Tel est l'espoir que nous devons garder. La nation a supporté bien des traverses longues, souvent cruelles ; fortifiée par l'épreuve, elle en est chaque fois sortie plus vaillante. D'autres nous sont réservées peut-être ; et malgré la confiance que nous pouvons nourrir, l'avenir ne semble pas sans péril. Mais quelque chose de supérieur à nos crises et à nos misères nous guide et nous réconforte, comme le scintillement lointain du phare rassure le navigateur hésitant dans la brume, c'est le génie de la France qui poursuit, quoi qu'on fasse, sa destinée suprême : la liberté et le progrès.

Paris. — Imp. J. Montorier, 16, passage des Petites Écuries